정석권의

소소풍경

한빛문화

정석권의

소소풍경

프롤로그

살면서 마주치는 소소한 풍경들
그 풍경 속에 녹아든 혹은 어긋난 사람들
그냥 지나치면 흔적도 없이 사라질 인상들
어떤 의미로 남고 싶어 신호를 보내는 시간들
잠시 삭제되었다가 천천히 복원되는 잔상들
조용조용 누구와 나누고 싶은 이야기들
세상을 송두리째 바꿀 수는 없지만
세상을 조금씩 다르게 보는 가능성들
어둠 속에 부드럽게 빛이 번지고
빛 속에 어둠이 고요하게 스며들어
서로가 서로에게 은은하게 물드는 장면들

풍경 속에 들어있는 나를 바라보는 나
어디에도 없는 나와 나 사이의 그림자
범소유상 개시허망(凡所有相 皆是虛妄)
모습이 있는 모든 것은 허망하며
모든 것은 실체가 없고 끊임없이 변한다는
금강경의 구절

그러므로 지나가 버린, 다시는 돌아오지 않는
그러나 다른 방식으로 글과 사진을 통해
마음속에 잠시 머물렀다가 다시 떠나는
풍경들 사람들
그들의 인상들에 감사를 드리며 ……

2020년 7월
정석권

목차

3부. 너의 맨발을 보여다오 (동남아시아, 인도) / 75

4부. 노적암에서 백조의 춤 (중국, 티베트, 일본) / 133

5부. 어머니 산으로 가시던 날 (한국) / 175

1부. 곤돌라를 탄 괴테

(유럽, 터키, 러시아)

1. 곤돌라를 탄 괴테

독일을 훌쩍 떠나 이탈리아 여행을 했던
괴테는 베네치아에서 곤돌라를 타면서
*아드리아 해를 지배하는 느낌이었다고

바다의 왕국의 운하에서 곤돌라를 타는 묘한 흥분으로
점잖은 독일인 괴테도 들떴으리라
세상이 달리 보였으리라

배의 앞과 뒤가 서로 다른 방향으로 기울어진 긴장감
수면 위로 비스듬히 휘어진 배의 앞머리
불균형 속의 쾌감
곤돌라 뱃사공은 노래도 멋지게 한 자락 뽑았으리라

세상은 이렇게 불안하게 흔들리며 노래하며
비틀비틀 아슬아슬 즐겁게 흘러가는 것이려니

이탈리아 여행을 한 뒤에 괴테는 세상 보는 눈이 달라져
모든 사물을 있는 그대로 보려고 노력하며
**관념보다는 현상에 가치를 두게 되었다고

(이탈리아 베네치아)

---

* 요한 볼프강 폰 괴테, 이탈리아 기행
** 요한 볼프강 폰 괴테, 격언과 성찰

2. 바닷가 마을 친퀘테레

어부들이 멀리서 자기 집 알아보기 좋으라고
그렇게 색칠을 했다는 이야기가 전해 내려오는
집들의 색깔이 원색으로 알록달록한
이탈리아 친퀘테레 바닷가 어부의 마을

지금은 관광지가 되었지만
예전에는 가난한 어부들이
조각배 타고 리구리아 해 거친 바다에서
풍랑과 싸우며 힘들게 고기 잡고
지친 몸과 맘으로 고향으로 돌아올 때
멀리서 조금씩 언덕 보이고 마을 보이고
알록달록 보이기 시작하는
집
지붕
창문
그리고 혹시 기다리던 가족의 모습이 얼핏
보였을 때의 어부의 두근거리는 마음

트로이 전쟁으로 오랜 기간 험한 바다를 떠돌다
*고향 이타카에 돌아왔던 오디세우스와 같았을 어부의 마음
그런 마음으로 바라보는 친퀘테레 가파른 언덕의 알록달록한 집들

(이탈리아 친퀘테레)

---

* 호메로스, 오디세이아

3. 크로아티아에서 사랑을

크로아티아 자그레브에선 시간여행을 하는 듯
시간은 거꾸로 천천히 흐르는 듯
좁은 골목길은 과거의 어느 시간으로 이어지는 듯

쌍둥이를 유모차에 태운 젊은 부부는 수줍게 웃고
공원에는 결혼식 하객들이 국기 들고 축하행진을 하고

분수 광장은 여름 오후를 즐기는 사람들로 북적대고
전통의상을 입은 사람들
활짝 웃으며 과거로 초대하고

예술가 거리 한편에서 기타를 연주하는 거리의 악사
남편 톰은 기타를 치고 부인 베스나는 검은 개 루나를 쓰다듬고

세상이 삭막하고 각박해도
톰은 조용히 웃으며 기타치고
베스나는 기타 치는 톰을 바라보고

톰의 기타 통엔 올 유 니드 이즈 러브
당신이 필요로 하는 건 사랑뿐이라고
*존 레논이 노래했듯 그렇게 한번 살아보라고

(크로아티아 자그레브)

---

* The Beatles, All You Need is love

PUMA

ULICA

ALL YOU NEED
IS
LOV@
HR

정석권

4. 빙하 녹은 청록색 블레드 호수

슬로베니아 블레드 호수는 빙하가 녹은 맑은 청록색
그 맑음을 오래 유지하려고 플래타나라는 나룻배로 노를 저어
호수에 있는 작은 섬에 지어놓은 성모마리아 승천성당에 가는데
배는 18세기부터 스물 몇 대로 제한하고
뱃사공은 동네 사람들이 가업으로 이어간다고

강을 개발한다는 명목으로 강바닥을 마구 파헤치고
시멘트로 댐을 막는 괴물 같은 방식과는 전혀 다른
불편하지만 건강한 원시의 방식으로
블레드 호수의 맑은 청록색은 가슴 시리게 투명하고

섬에 있는 성당은 10세기에는 슬라브 여신의 신전으로
세월이 흐르고 종교도 바뀌고 12세기에는 로마네스크 양식의 성당으로
15세기에는 고딕 양식으로 그리고 지진으로 무너진 후에
16세기에는 다시 바로크 양식으로
성당 안에는 폐허의 흔적도 따로 보존하고
역사는 파괴되고 스러지지만 모두 어떻게든 남는 것
달콤함으로든 아픔으로든

세월이 흐르고 빙하도 녹아 흘러 호수가 되고
유고슬라비아가 슬로베니아가 되어도
노벨문학상을 탄 밥 딜런의 애인이었던
*존 바에즈가 그들의 옛사랑에 대해서
〈Diamonds and Rust〉에서 노래한 것처럼
과거는 금속의 녹처럼 아픈 상처로

또는 금강석처럼 반짝이는 추억으로 남는 것

**들국화의 전인권이 노래한 것처럼
지나간 것은 지나간 대로 그런 의미가 있는 것

시대는 부끄럽고 시절은 하수상하지만
이 또한 어떻게든 지나가고
지나간 것은 지나간 대로 어떤 의미가 있기를

(슬로베니아 블레드 호수)

* Joan Baez, Diamonds and Rust
** 들국화, 걱정 말아요 그대

5. 고대의 신 현대의 신

벨레로폰과 키메라의
그리스 신화가 서려있고
아직도 산맥 중턱에
키메라의 불길이 날름거리는
터키 올림포스 산

발 아래 안탈랴의 지중해가 넘실대고
고대의 신화가 숨을 쉬는 산맥이 펼쳐지고

산 정상에는 현대의 신들
갤럭시의 신
아이폰의 신
신상을 높이 들고 진지하게 경배하는 순례자들

현대의 무소불위한 휴대용 신상을 향해 경배!
신화의 나르시소스처럼 신상에 비춰진 자아의 이미지에 경배!
그리고 현실과 가상의 공간에서 우리가 함께 있을 수 있음에 경배!

(터키 올림포스 산)

TAHTALI 2365 m

6. 비상의 꿈, 혹은 이카로스의 추락

터키 카파도키아 벌판 해뜨기 전
어둠 속에서 온몸에 불길을 받으며
비상의 꿈을 꾸는 열기구들

미로를 벗어나 자유를 꿈꾼
이카로스의 비상과 추락

하늘 높이 날다 태양열에 밀랍이 녹아
지상으로 추락한 이카로스는
인간의 열망과 그 허망을 몸으로 보여주고

*피터르 브뤼헐의 그림에서는
이카로스가 추락해서 바다에 빠져도
농부는 그런 일에 무관심한 채 밭을 갈고
기선은 추락과 상관없이 먼 바다로 출항하고

**오든의 시에서는 브뤼헐의 그림을 인용해서
하늘을 날던 이카로스가 추락해도
타인의 비극적 재난에도 불구하고
세상은 그와 무관하게 유유자적 흘러가고

***마르크 샤갈의 그림에서는
구름 속에서 꿈속 같은 마을 위를 날고
****앙리 마티스의 그림에서는
붉은 심장을 태우며 춤을 추고

정석권

비록 비상의 꿈은 이카로스의 추락처럼
열망과 허망으로 끝날지라도
열기구의 신나는 비상이 끝나면
일상의 지겨움 또는 괴로움일지라도
오히려 그렇기 때문에
비상은 언제나 우리를 들뜨게 하고
비상의 꿈은 항상 우리의 가슴을 설레게 하는지도

(터키 카파도키아)

---

* 피터르 브뤼헐, 이카로스의 추락이 있는 풍경
** W. H. 오든, 미술관에서
*** 마르크 샤갈, 이카로스의 추락
**** 앙리 마티스, 이카로스

7. 폐허의 미학

터키 에게 해 연안 이즈미르주 에페소에 가면
켈수스 도서관 하드리아누스 신전의 잔해들
승리의 여신 나이키의 부서진 조각상
천년 이천년 된 폐허들이 햇빛 받아 눈부시다

토닥토닥 위로하는 폐허들
허둥지둥 허겁지겁 쫓기듯 살지 말라고
마음속의 폐허를 느긋하게 사랑해보라고

그리스의 기둥만 남은 신전이든
로마의 반쯤 무너진 원형경기장이든
한국의 주춧돌만 뒹구는 폐사지든
폐허는 쓸쓸하고 쓸쓸해서 편안하고 편안해서 아름답다

사라진 것들은 다시 돌아올 수 없으므로
없음의 빈자리로 빛바랜 흔적으로 부드럽게 빛난다

*어느 시인의 말처럼
입도 버리고 혀도 파묻고 바람도 풀도 뜯어 먹으며
무너질 것 다 무너졌으므로 무딘 마음으로 마음 비우고
폐사지처럼 살 일이다

**어느 철학자의 말처럼
마침내 과거가 폐허를 떠나버렸으니

무너지게 마련인 사물의 중심으로
폐허를 다시 인도하는 심원한 힘에 순종하여 평화로울 일이다

이미 무너졌으므로 마음 비우고
마음 비웠으므로 넉넉하다

마음속에 황량한 폐허 하나 품고 살 일이다
가끔 폐허 속에 무너진 돌기둥도 세워가면서
세워진 돌기둥 다시 무너지는 것도 바라보면서

(터키 에페소)

* 정호승, 폐사지처럼 산다
** 알베르 까뮈, 티파사에서의 결혼

8. 블라디보스토크 혁명광장에서

1917년 러시아 볼셰비키당의 혁명이 일어나고
1922년 러시아 적백내전에서 적군이 승리하고
1937년 신한촌에 살던 고려인들이 강제이주 되고
2018년 혁명광장에는 주말장터가 열리고

고려인들이 강제이주 전 살았던 신한촌에는
그들을 그리는 세 개의 돌기둥
그리고 그들을 기억하겠다는 리본들이
연해주의 겨울바람에 흔들리고

강제이주민들을 집합시켰던 혁명광장에는
이제 주말이면 장터가 열려
생필품을 파는 상인들
떼 지어 다니는 비둘기들
흥겹게 노래하는 가수들
뛰노는 아이들

길게 줄지어 선 사람들은
커다란 가마솥의 뜨거운 닭고기 스프를
배급받아 마시며 연해주의 겨울 추위를 녹이고

역사는 흐르고 과거는 희미하지만
혁명의 구호와 함성
전쟁병사들의 고통과 절규

강제이주민들의 분노와 슬픔은
노랫소리 아이들의 뛰노는 소리와 뒤섞여
햇빛으로 찬바람으로 그림자로
블라디보스토크 혁명광장에 어른거리는 듯

(러시아 블라디보스토크)

잊지 않겠습니다
고맙습니다

9. 초겨울 아무르 강변

중국에서는 헤이룽(흑룡)강으로
몽골에서는 하라무렌강으로
러시아에선 아무르강으로
장장 4,350km 먼 길을 유유히 흐르는 강

찬바람 휘몰아치는 하바롭스크 우쵸스 전망대에는
이 근처가 고향이라고 알려진
조선민주주의인민공화국의 지도자가 다녀갔다는
표지비가 세워져 있고

초겨울의 아무르 강변에 서니
얼음조각들이 서로 부딪히는 소리 내며
꽁꽁 얼어붙기 전에 흘러가야 한다는 듯
살을 에는 바람과 함께 강물은
소용돌이치며 거침없이 힘차게 흐르고

겨울이 더 깊어져 모든 게 끝나기 전에
해야 할 일이 있다는 듯 서둘러 흐르는 강

죽기 전에 꽃을 피우는 대나무처럼
생존이 힘들어지면 더 강해지는 전나무처럼
상황이 어렵다 해도, 어려울수록
"불안 속에 피는 꽃"
*앙스트블뤼테(angstblüte)

겨울이 깊어도, 눈이 쌓여도
숲길에 치울 눈은 치워야 한다고
지켜야 할 약속은 지켜야 한다고
**잠들기 전에 가야 할 길은 가야 한다고

(러시아 하바롭스크 아무르강)

* 앙스트블뤼테(angstblüte) - 독일어로 '공포, 두려움, 불안'을 뜻하는 앙스트(Angst)와 '개화(開花), 만발, 전성기'를 뜻하는 블뤼테(Blüte)의 합성어로, '불안 속에 피는 꽃'으로 번역할 수 있다. 생명체가 자신의 생존이 위태로워질 경우 사력을 다해 자신의 마지막 꽃을 피우고 씨앗을 맺는 것을 말하는 생물학적 용어.

** 로버트 프로스트, 눈 오는 날 저녁 숲가에서

Генеральный секретарь Трудовой партии Кореи,
Председатель Государственного комитета обороны
Корейской Народно-Демократической республики
КИМ ЧЕН ИР
17 августа 2001 года посетил город Хабаровск
조선로동당 총비서이시며
조선민주주의인민공화국 국방위원회위원장이신
김정일동지께서
2001 년 8 월 17 일 하바롭스크시를 방문하시였다.

10. 크노소스 궁전의 사랑

에게 해 푸른 바다 크레타 섬에는 얽히고설킨 신화가 풍성하다
하얀 소로 변신한 바람둥이 제우스신은
페니키아 공주 에우로파를 납치해서 크레타 섬에서 사랑을 나누고
에우로페는 아들 셋을 낳았는데 그 중 하나가 미노스
그 후 미노스 왕은 욕심이 나서
포세이돈 신에게 제물로 바칠 소를 바꿔치기 하고
포세이돈 신은 화가 나서 파시파에 왕비를 황소와 사랑에 빠지게 하고
파시파에 왕비는 괴물 미노타우로스를 낳고
미노스 왕은 다이달로스를 시켜 미궁을 짓고
그 미궁 속에 미노타우로스를 가두고
미노타우로스는 공물로 바친 아테네 사람들을 먹어치우고
아테네 영웅 테세우스는 미노스의 딸 아드리아드네의 도움으로
미노타우로스를 죽이고

그리스 크레타 섬 크노소스 궁전엔
제우스 에우로파 미노스 파시파에 포세이돈
미노타우로스 다이달로스 테세우스 아드리아드네
신화와 역사가 허구와 사실이 뒤얽혀서
꿈과 현실이 과거와 현재가 뒤섞이고

고대 인간들의
정복 지배 약탈 사랑 욕망이
조각으로 새겨지고 벽화로 그려져서
현대 인간들이

그걸 보며 감탄하고 공감하고

그리스인 가이드 헬렌 할머니는
4,000년 전의 폐허가 된 궁전을
마치 아파트 소개하는 부동산중개업자처럼
친절하고 생생하게 설명하고

초록 덩굴식물들은
폐허가 된 고대의 궁전 벽을 뚫고 자라나
햇빛 받아 반짝이며 소곤소곤
*꿈과 현실의 구획이 사라지며
고대의 이야기를 현대어로 번역하고

(그리스 크레타 크노소스 궁전)

* 따사로운 가을날 낯익은 섬의 이름을 외며 바다를 헤쳐 나가는 것은 사람의 마음을 쉬 천국에다 데려다 놓을 수 있는 것이어서 나는 좋아한다. 그곳만큼 쉽게 사람의 마음을 현실에서 꿈의 세계로 옮겨 가게 하는 곳은 없으리라. 꿈과 현실의 구획은 사라지고 아무리 낡은 배의 마스트에서도 가지가 뻗고 과물이 익는다.

- 니코스 카잔차키스, 그리스인 조르바

11. 니코스 카잔차키스 앞에서

그리스 크레타 섬 이라클리온
*니코스 카잔차키스 기념관에는
엄청난 분량의 육필 원고들
그리고 여러 나라 언어로 출판된 그의 책들

조금 떨어진 언덕 위
지중해 바다가 멀리 보이는
그의 무덤 주위에는
붉게 피어난 부겐빌레아 꽃이
노랗게 시들며 땅에 떨어지고 있었다

신성모독으로 파문당했던
그의 묘소엔 낮은 나무 십자가가 그림자를 드리우고 있었고
묘비엔 그의 손 글씨가 새겨져 있었다

"나는 아무것도 원하지 않는다
나는 아무것도 두려워하지 않는다
나는 자유다"

여름날 오후의 빗긴 태양이 만든 십자가의 그림자가
처음에는 자유를
다음에는 아무것도 두려워하지 않음을
나중에는 아무것도 원하지 않음을 그늘지게 했다

묘비 뒷면 작은 동판엔 여러 나라 언어로 "평화" 가
보일 듯 말듯 희미하게 새겨져 있었고
멀리 보이는 푸른 에게 해는 그의 꿈처럼
아름답고 아슬아슬하게 빛나고 있었다

그의 무덤 앞에 뿌린 소주 한잔은
메마른 대지에 금세 스며들었다

(그리스 크레타)

* 니코스 카잔차키스(Νίκος Καζαντζάκης, 1883년 2월 18일~1957년 10월 26일): 그리스의 작가, 시인, 사회주의 계열 정치인. 대표작으로는 《그리스인 조르바》, 《오디세이아》, 《미할리스 대장》 그리고 마틴 스코세이지 감독에 의해 영화로 만들어진 《최후의 유혹》 등이 있음. 《미할리스 대장》과 《최후의 유혹》은 그리스 정교회와 로마 가톨릭으로부터 신성모독을 이유로 파문당할 만큼 당시 세계에 큰 영향을 끼쳤음.

Ο ΦΤΩΧΟΥΛΗΣ ΤΟΥ ΘΕΟΥ
NIKOS KAZANTZAKIS
アシジの貧者
N・カザンツァキ
The Saviors of God
O Pobre de Deus
NIKOS KAZANTZAKIS
카잔자키스
성 프란치스코
THE SAVIORS OF GOD
KAZANTZAKIS · FRIAR

Δεν ελπίζω τίποτα
Είμαι λέφτερος

2부. 하늘을 향하여 마추픽추

(중남미)

1. 하늘을 향하여 마추픽추

늙은 봉우리 마추픽추 젊은 봉우리 와이나픽추
그 사이에 석축을 쌓고 크고 작은 돌들로 지은
건축물들의 황량하고 쓸쓸하고 늠름한 폐허

살아보지도 않았던 역사에 향수를 느끼며
한 문명이 다른 문명을 이렇게 처참하게
파괴했다고 분노했던 체 게바라

모든 절망을 극복하고
함께 태어나기 위해 오르자고
*마음을 다잡았던 파블로 네루다

마추픽추는 폐허 속에서 늠름하다
상처 입은 채로 하늘을 나는 콘도르처럼
늙은 봉우리 젊은 봉우리
고통 속에서도 슬픔 속에서도
하늘을 향한 비상의 꿈을 멈추지 않는다

(페루 마추픽추)

---

* 나와 함께 태어나기 위해 오르자, 형제여.
네 고통이 뿌려진 그 깊은 곳에서 내게 손을 다오. 넌 바위 밑바닥으로부터 돌아오지 못하리. 땅 속의 시간으로부터 돌아오지 못하리. 딱딱하게 굳은 네 목소리는 돌아오지 못하리. 구멍 뚫린 네 두 눈은 돌아오지 못하리. 대지의 밑바닥에서 나를 바라보라, 농부여, 직공이여, 말없는 목동이여…….

-파블로 네루다, 마추픽추 산정

2. 해발 3,000미터 소금광산

해발 3,000미터 용설란 하늘 높이 치솟고
길은 길로 이어져 하늘로 향하는 고지에서
암염이 녹은 시냇물을 가두어
남미의 태양열을 가해
소금 꽃을 피우는
3,000여 개의 소금 꽃밭

하나하나의 소금밭이 모여
온 계곡을 가득 채운
소금 땀의 디자인
한 물줄기가 3,000개의 소금밭에
골고루 물을 채우는 나눔의 공법

마라스 살리네라스 소금광산은 잉카의 꽃
치자꽃 향기처럼 황홀하고 쓸쓸한

(페루 마라스 소금광산)

PROHIBIDO EL INGRESO
A LAS POZAS DE SAL
Gracias
SALT PONDS
Thank you

3. 쿠스코 풍경

페루 쿠스코에서는
하늘 아래 땅
땅 위에 하늘
드넓게 맞닿아 펼쳐지고
길은 다시 길로 이어지고

페루 쿠스코 고원에선
알파카들 사람들 착하고 순한 표정으로 대화를 나누고
원색의 기념품들 고원의 풍경과 어울리고
아빠와 어린 딸은 웅장한 자연을 배경으로
빈약한 일용할 양식으로 소박한 끼니를 때우고

쿠스코 시내에선
좁은 골목에서 즐겁게 공차는 아이들
저녁 무렵 길가에서 팔던 기념품들 정리할 준비하며
피곤한 몸으로 누군가를 기다리는 사람들
아이를 등에 업고 추스르는 여인들

평화로운 터전에서 서로에게 충만한
절로 가슴이 시리고 마음이 따스해지는 풍경들

(페루 쿠스코)

4. 쿠바와 헤밍웨이

죽은 헤밍웨이가 살아있는 쿠바사람들
여러 명 돈벌이를 시켜준다더니
그가 잤던 곳 먹고 마셨던 곳
그가 배타고 낚시도 하며
《노인과 바다》를 떠올렸던 곳
목하 쿠바는 헤밍웨이 비즈니스 성업 중

그의 삶의 방식과 글의 주제와 문체는
마초근성을 여실히 드러낸다고들 하지만
오히려 그건 그것이 보여주고 싶은 만큼 없음에 대한
또는 점점 사라져가는 것에 대한 불안의 표현인지도

《킬리만자로의 눈》에서의 해리의 불안함과
《노인과 바다》에서의 산티아고의 강인함은
어쩌면 동전의 양면
헤밍웨이의 또는 인간의 양면성
정신과 육체가 파괴되어가는
인간의 슬픈 불안과 고뇌가
파괴될지언정 결코 패배당하지 않으려는
인간의 강인한 의지가 겹쳐지는

그래서 그럼에도 불구하고
*산티아고가 자신에게 또는 우리에게 하는 말
없는 걸 생각하지 말고
있는 걸 가지고 무얼 할까 생각하라고

(쿠바 아바나)

* "하지만 이 늙은이야, 넌 그것들을 가지고 오지 않았잖아. 지금은 갖고 있지 않은 것을 생각할 때가 아니야. 지금 갖고 있는 것으로 뭘 할 수 있는지 생각해 보란 말이야."
(But you did not bring them, old man. Now is no time to think of what you do not have. Think of what you can do with what there is.)

\- 헤밍웨이, 노인과 바다

5. 쿠바의 시간

쿠바의 시간은 멈춰있다고들 하지만
그건 한 가지 방식으로만 시간을 생각하기 때문
쿠바에는 쿠바만의 시간이 다른 방식으로 흐른다
빠르고 효율적으로 흐르는 시간과는 다르게
좀 더 여유 있게 쏜(son) 리듬으로 출렁이며
탱고 리듬으로 때론 부드럽게 때론 열정적으로

오비스포 거리엔 옛날 대포 부품들이
폐기처분되는 것이 아니라 거리 표시물로 재활용되고
뒤집혀진 채 거리에 늘어선 포신들
나란히 장식된 둥근 포탄들

낡았다고 늙었다고
버려지는 것이 아니라
멋지게 화려하게 꽃단장하고
아바나 거리를 달리는 올드카들
부에나 비스타 소셜 클럽의
나이 지긋한 음악가들

쓸모가 없다고 버리는 게 아니라
새로운 쓸모를 찾고 없으면 없는 대로
있으면 있는 대로 즐기는 여유의 풍요로움

정석권

카페 엘 에스코리알에서
한 잔에 1쿡 하는 에스프레소
잠시 카페인으로 각성하고
라 보데기타 델 메디오에서
한 잔에 2쿡하는 모히토로 몽롱해지고
각성과 몽롱 사이에서
말레콘에 부딪히는 파도처럼
바라데로 해변의 모래알처럼
느리지만 리듬 있게
쿠바에는 쿠바만의 시간이 흐른다

(쿠바 아바나)

6. 쿠바의 추억_ 올드카

1960년대부터 미국의 경제제재 조치로
자동차 수입이 금지되자
올드카들을 화려하게 단장해서
아바나의 명물이 된 "쿠바의 역설"

1950년산 빨간색 올즈모빌
고색창연한 올드카 드라이버는
혈기왕성한 젊은 청년

비록 차주인은 아니지만
올드카를 몰고 아바나 시내를
안내하는 자부심 대단한 멋쟁이 청년

여러 음계로 된 자동차 경적소리를
즉석에서 작곡 편곡해서
멋진 멜로디 만들어내기도 하고

아바나 거리를 활기차게 달리며
크고 멋진 저택이 보일 때마다
마이 하우스라고 너스레떨며
오래된 멋진 차 신나게 운전하며 하루를 즐기는
이름도 멋진 이냐시오 (Ignatio)

정석권

올드카에 청년 드라이버
부조화의 조화
역설의 미학
늙고 젊은 쿠바

(쿠바 아바나)

7. 쿠바와 체 게베라

쿠바 하면 떠오르는 체 게바라
아르헨티나 사람인 체 게바라가
쿠바사람들에게 사랑 받는
쿠바혁명을 대표하는 인물이 된 건
혁명에 성공한 뒤 권력에 집착하지 않고
쿠바를 떠났기 때문이리라

사르트르가 체 게바라를 가리켜
가장 완전한 인물이라고 평한 건
그가 이념이나 사상의 완성이 아닌
사람의 사람다운 생존을 위해 노력했기 때문이리라

체 게바라가 《모터사이클 다이어리》에서
길 위에서 내게 무슨 일인가 일어났다고 한 건
혁명의 이념적 사상화가 아니라
실존적 당위성을 느꼈기 때문이리라

그래서 체게바라는
진정한 혁명가를 이끄는 것은
사상에 대한 신념이 아닌
*사람에 대한 사랑의 감정이라고 했고
그가 피델 카스트로에게 보낸 편지에 쓴
그래서 쿠바 혁명광장 내무성 건물에 새겨지게 된 글귀는
"영원한 승리의 그 날까지!"
(¡Hasta la Victoria Siempre!)

(쿠바 아바나)

* "우습게 들릴지 모르지만, 진정한 혁명가를 이끄는 것은 위대한 사랑의 감정이다. 이런 자질이 없는 진실한 혁명가는 생각할 수 없다."
(At the risk of seeming ridiculous, let me say that the true revolutionary is guided by a great feeling of love. It is impossible to think of a genuine revolutionary lacking this quality.)

\- 체 게바라 (Ernesto "Che" Guevara)

Los futuros expedicionarios reciben entrenamiento bajo el mando del general republicano español Alberto Bayo Giroud.
The future participants in the expedition receive military instruction training commanded by the Spanish Republican General Alberto Bayo Giroud.
Ernesto (agachado, primero de derecha a izquierda) junto al grupo de futuros combatientes en la estación migratoria de la calle Migu
Fidel Castro y María Antonia. México, 1956.
Ernesto (crouched, first from right to left) together with the group of future combatants at the Miguel Schultz street's migratory statio
and Mario Antonia. Mexico, 1956.
El 15 de febrero de 1956 nace en México Hilda Beatriz Guevara Gadea, a quién llamó cariñosamente "Mi pequeña Mao".
On February 15, 1956, Hilda Beatriz Guevara Gadea, is born in Mexico whom he lovingly named "My little Mao".
Debido a una delación, el grupo de combatientes, incluyendo a Ernesto, son arrestados y conducidos a la estación migratoria de la calle Miguel Schultz. 1956.
Due to a delation, the group of future combatants, including Ernesto, is arrested and taken to the Miguel Schultz migratory station. 1956.
En el yate Granma parten desde Tuxpan,
diciembre de 1957 desembarcan por pla
On December 2, 1957 they disembarked
Parque Histórico Militar
MORRO-CABAÑA

3부. 너의 맨발을 보여다오

(동남아시아, 인도)

1. 너의 맨발을 보여다오

예는 물, 레는 위, 파고다는 탑
예레 파고다는 물 위의 탑
모든 미얀마 사원이 그렇듯 맨발로
물 건너 배 타고 가야 하는 예레 파고다

얼굴엔 미얀마 다나까 나무로 만든 치장을 하고
신발도 벗고 양말도 벗고 경건하고 즐거운 마음으로
거칠고 뜨거운 땅을 디디고 자연의 사원에서 경배
땅과 가장 가까이 있는, 몸의 가장 아래에 있는
맨발의 고통과 경건함과 신성함

나에게 너의 맨발을 보여다오
그러면 네가 누구인지 말해주마
맨발의 청춘들
뱃사공의 검고 거친 맨발
살아있음에 맨발로 땅 위에 설 수 있음에 감사하라
스쳐 지나가는 날것의 풍경들에 감사하라

(미얀마 예레 파고다)

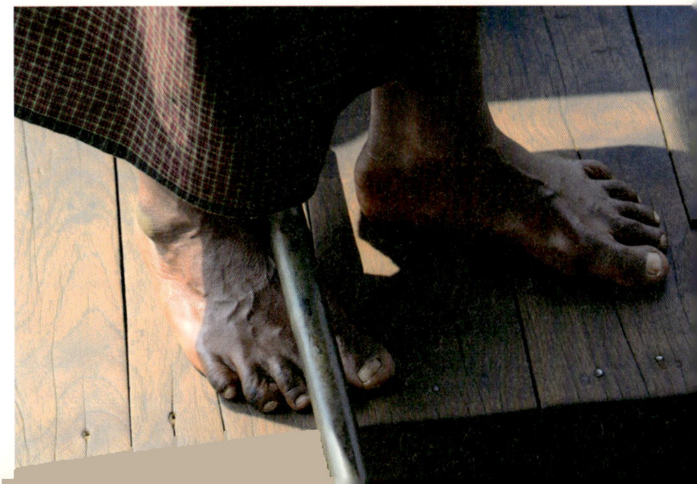

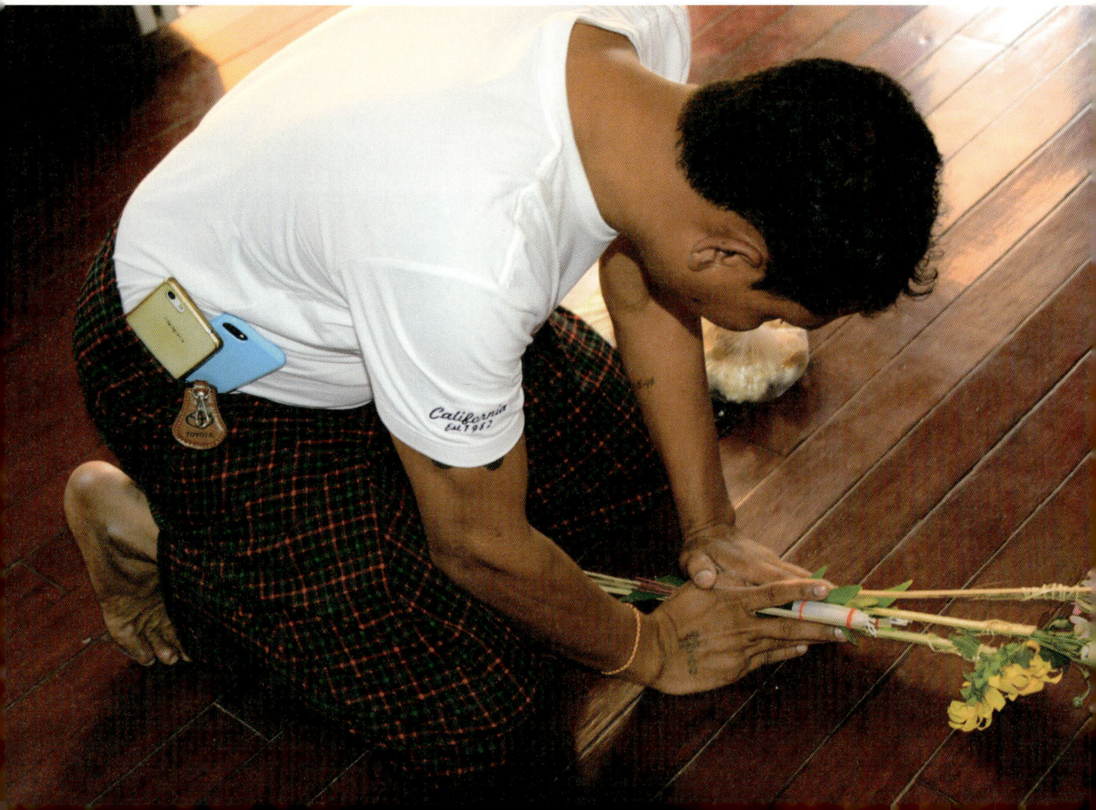
California

2. 강의 입 빡우동굴

빡은 입, 우는 강
그래서 빡우는 강의 입
강 입구의 동굴은 신성하다고 여겨
예전부터 불상들이 많았는데
값나가는 불상들은 다 훔쳐가고
남은 건 마을사람들이 갖다 놓은 소박한 불상
소박한 불상에 더 소박한 불상이
성황당 돌 쌓이듯 늘어나고
굽은 나무가 선산 지킨다고
장자(莊子)가 말하는 무용지용(無用之用)
——쓸모없음의 쓸모
빡우동굴에는 값나가지 않는
신성함의 의미를 제대로 살리고 있는
수천의 여러 모양의 불상들
소박하고 간절한 마음들
(라오스 빡우 동굴)

3. 가장 오래된 새로운 사원

왓은 사원, 마이는 새로움
왓마이는 새로운 사원이라는 뜻
그러나 루왕프라방에선 가장 오래된 사원

하기야 세월은 상대적이라서
오래됨의 과거는 새로움
새로움의 미래는 오래됨
늙음은 젊음의 미래
젊음은 늙음의 과거

오래된 과거의 이끼와 새로운 현재의 잡초
반짝이는 황금지붕과 퇴색한 석탑
사원 한 켠엔 젊은 승려 하나 열심히 경전 공부 중

그의 노트에 적혀있는 사랑의 경전
I love you
I am crazy about you
수리삭이란 이름의 청년 승려는
목하 외국어 공부를 통한 사랑 공부 중

세상 모든 경전은 사랑으로 귀결되나니
과거와 미래를 그리고 특히 너의 현재를
너의 주변의 모든 것들을
사랑하고 또 사랑하라

석탑이 흙이 되고 이끼가 되고
바람 속의 먼지가 될 때까지

(라오스 왓 마이 사원)

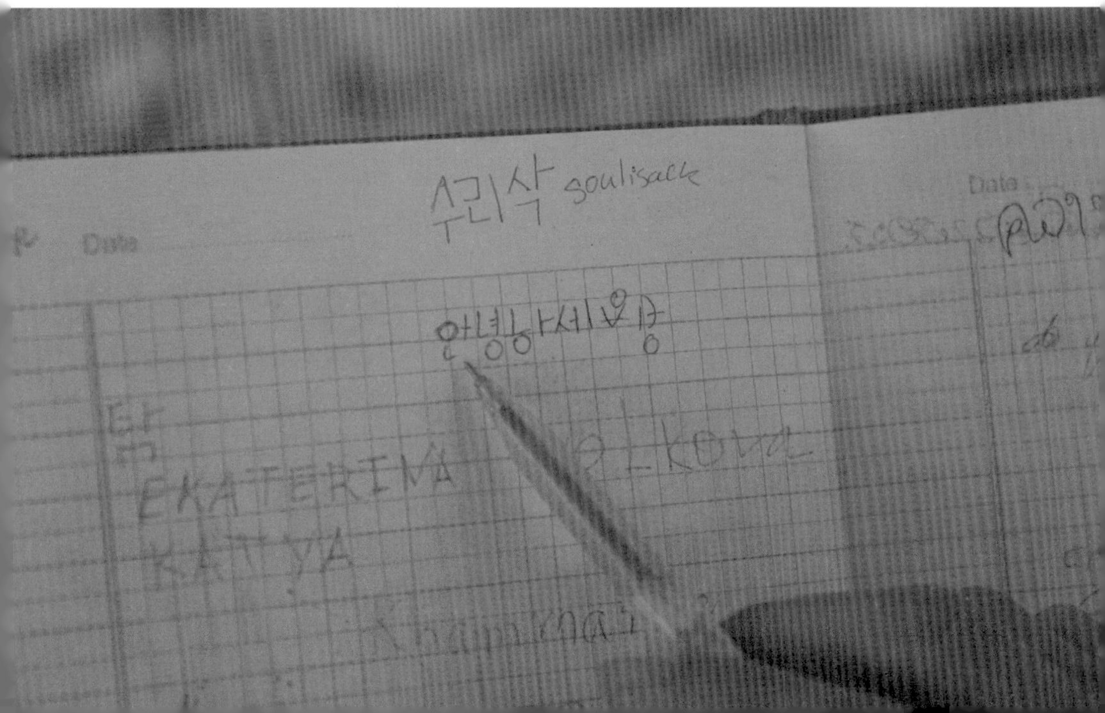
soulisack
EKATERINA
KATYA

4. 마하시 수도원

마하는 큰, 시는 북

큰 북이란 뜻의 법명을 가진
큰스님 마하시 사요도가 수도하던 곳

위파사나 명상을 하고자 하는 사람은
열흘 이상 있기로 하고 누구나
함께 모여서 마음 공부하는 곳

새벽 다섯 시 반에 1식
아침 열시 반에 1식
하루 2식으로 명상에 몰두하는 곳

모든 느낌을 그대로 받아들이고
들숨 날숨에 집중하고
마음의 사마디(三昧)를 얻는 곳

과거에 대한 후회나
미래에 대한 걱정 없이
오롯이 현재의 순간에 사는 곳

숨 쉴 수 있음에 감사하며
먹을 수 있음에 감사하며
마음의 평화를 얻는 곳

(미얀마 마하시 수도원)

5. 마을과 사람이 온통 꽃

무슨 꽃축제니 무슨 꽃잔치니
사람들 꽃구경하러 몰려드는 곳에만
보아라 꽃이다 하고 꽃이 피는 건 아니다

미얀마 양곤 달라 마을에는
꽃보다 더 꽃다운 꽃들이 지천에 피어난다

선착장 노점상에 늘어선 오색 과일들은
다 울긋불긋 꽃이 아니고 무엇이겠는가

자전거 인력거 핸들에 꽂힌 꽃장식들
인력거 운전사 튼튼씨 팔의 문신장식들
또 꽃이 아니고 무엇이겠는가

마을 골목길 여기저기 빨랫줄에 널린
알록달록 꽃무늬 빨랫감들은
모두 꽃이 아니고 무엇이겠는가

달라 마을 사람들 얼굴에 그려진 다나까 무늬
그리고 그들의 소박한 미소는
또한 꽃이 아니고 무엇이겠는가

소소풍경

찌든 가난과 불편한 환경에도
편안하고 평화롭게 사는 마을 사람들은
고운 꽃이 아니고 무엇이겠는가

(미얀마 달라마을)

Fly

6. 바간의 일출

밤새 뒤척이다 이른 새벽
언덕에 오르면
동녘에 서리는 붉은 기운

깜깜한 어둠 속에서도
빛의 알갱이 남아 있어
어둠을 깨고 밝아오는 새로운 하루

붉은 불길로 속을 뜨겁게 데우며
하늘 향해 오르는 열기구들

어제의 고달픔이나 괴로움
산 너머 어둠 속에 묻어두고
뜨겁게 타올라야 하늘로 오르는 법
떠오르는 태양도
불길 받은 열기구들도
바라보는 사람들의 마음도
하늘로 힘차게 오른다

(미얀마 바간)

정석권

7. 바간의 일몰

하루를 열심히 살아낸 사람들에게
저녁의 붉은 노을은
따스한 축복으로 다가온다

시간은 안단테 칸타빌레로
노래하듯 느리게
흐르는 듯 멈추고
다시 천천히 꿈결처럼 흐르고

비스듬히 지는 햇살의 빛내림 속에서
밝음도 아니고 어둠도 아닌
황금빛 신비로움 속에서 들리는 속삭임

세상은 허겁지겁 허둥지둥
쫓기듯 살 일이 아니라고
잠시 멈추어 서서 다 내려놓고
노랗고 붉게 물드는 노을을 바라보라고

(미얀마 바간)

8. 어둠과 빛이 교차하는 새벽

따웅따만 호수 건너 붉어지는 하늘
어둠과 빛이 교차하는 시간
삶과 죽음 현실과 꿈의 경계가 모호한 시간

호수 위를 건너는 티크 나무다리가
새벽 여명 속에서 실루엣으로 드러나고
떠오르는 해를 배경으로 시작되는 하루

호수 건너 탁발하는 승려들을 위해
우뻬인 시장이 세웠다는 다리 위로
하루를 여는 사람들 모습 꿈처럼 떠오르고
고기 잡는 어부들
고달픈 하루의 삶을 새롭게 시작하는 사람들

우뻬인 다리 아래 따웅따만 호수의 새벽은
은은하게 펼쳐지는 신비스런 풍경이기도 하고
새들도 개들도 사람들도
바쁘게 하루가 시작되는 현실이기도 하다
(미얀마 만달레이 우뻬인 다리)

9. 슬픔이 펴져나가는 석양

우뻬인 다리 아래 따웅따만 호숫가에서
고기 잡던 사람들 친롱게임하던 사람들
물가에서 일하거나 놀던 사람들

떠들썩하다가 해질 녘이 되면
소음이 스러지고 호수에 떠도는
석양의 고요한 분위기

사람들은 왜 석양을 보며 감동할까
작은 별에 살며 계속 의자를 움직여서
*하루에 마흔네 번 석양을 본 어린왕자의 말처럼
슬픔에 잠긴 사람에겐 석양이 아름답다던가

사람들은 석양을 보며 자신의 슬픔이
저녁하늘에 곱게 펴져나가는 걸 본다

말할 수 없는 말로 표현되지 않는
사람들의 슬픔을 위로하듯
붉은 노을빛으로 부드럽게 출렁이는
우뻬인 다리 아래 따웅따만 호수

(미얀마 만달레이 우뻬인 다리)

---

* 셍떽쥐베리, 어린 왕자

10. 마하간다용 수도원

천여 명의 승려들이 모여 수행하는
마하간다용 수도원 공양시간
정갈하게 목욕하고 난 뒤
탁발 공양하기 위해
늘어서는 기다란 줄
오후불식이라 오전 11시에
하루의 마지막 식사
보시를 주고받는 일의 경건함
먹는 일의 성스러움
살아 숨 쉬는 것에 대해
생활의 소소한 일들에 대해 감사하기
먹고 남은 공양은
더 어려운 사람들에게 보시하고
수도원의 제 1계율은
착한 마음을 갖는 것
힘센 놈이 약한 놈 것 빼앗고
그걸 또 더 힘센 놈이 빼앗는
속세의 악순환과는 다르게
착한 마음이 선순환되는
마하간다용 수도원의 공양시간

(미얀마 만달레이 마하간다용 수도원)

11. 호수의 아들 인따족

미얀마 북동부 샨주 낭쉐지역
호수에서 태어나 호수에서 죽는다는
호수의 아들이란 뜻의 인따족이 사는 곳
새벽이면 물안개 가득 피어
어디가 호수인지 어디가 하늘인지 모르는 곳

쪽배 위에서 한쪽 다리로 노를 젓고
두 손은 자유롭게 일도 하고 고기도 잡으며
절묘하게 균형 잡으며 호수를 누비는
균형의 달인들이 사는 곳

그들에겐 생활의 방식이지만
보는 이들에겐 특이한 묘기
배 위에서 한발로 균형 잡으며
통발로 고기 잡는 전통방식 보여주며
생계의 수단으로 삼기도 하는데
어떤 이들은 신기하다고도 하고
어떤 이들은 안쓰럽다고도 하지만

그들은 선조들이 물려준 널따란 호수에서
호수의 물처럼 평화롭고 넉넉하게
하루하루 성실하게 살아가며
삶의 터전을 지키는 호수의 아들들

정석권

*최고의 선은 물과 같다는
노자의 상선약수(上善若水)가 떠오르게 하는
아래로 흐르면서 온갖 사물을 적셔주지만
결코 다투거나 자랑하지 않는
가장 낮은 곳에 있으면서
세상의 더러운 것도 마다 않고 받아들이는

(미얀마 인레호수)

* "상선약수(上善若水) 수선이만물이부쟁(水善利萬物而不爭) 처중인지소오(處衆人之所惡)"
(가장 좋은 것은 물과 같다. 물은 온갖 것을 잘 이롭게 하면서도 다투지 않고, 모든 사람이 싫어하는 낮은 곳에 머문다.)

- 노자, 도덕경 8장

12. 미얀마 인레 오일장

어디서들 모였는지 다양한 소수민족들
왁자지껄 소란스러운 인레 오일장
없는 것 빼고 있을 건 다 있어서
볼거리 먹거리 웃을 거리 많고

*못난 놈들은 서로 얼굴만 봐도 흥겹다는
신경림의 시가 떠오르는 시끌벅적하고 정겨운 장터
거래할 땐 에누리도 하고 덤도 듬뿍 주고
웃을 일 있으면 눈치 안보고 무게 안 잡고 그냥 웃고
졸리면 하품도 하고 엄마 품에서 새근새근 잠들기도 하고
배고프면 체면 안 차리고 격식 안 따지고 맛있게 먹고

수도원 탁발승들의 공양시간처럼 엄숙하진 않지만
그에 못지않게 신성한 오일장 먹거리 풍경
이것저것 사먹고 구경도 하고 흥정도 하다보면
한나절 훌쩍 흘러가버리는 미얀마 인레 오일장

(미얀마 인레)

---

* 못난 놈들은 서로 얼굴만 봐도 흥겹다
이발소 앞에 서서 참외를 깎고
목로에 앉아 막걸리를 들이키면
모두들 한결같이 친구 같은 얼굴들

신경림, 파장(罷場)

13. 집중력의 아름다움

금속을 녹여서 주조하는 불길도 뜨겁지만
귀금속을 세공하는 사람들의 집중력도 뜨거운
미얀마 인레호수 금은세공방의 열기

사람들은 금은이 귀하고 보석이 아름답다 하지만
그들이 쉽게 놓치는 건 그걸 귀하고 아름답게 만드는
금은세공사의 세심함과 집중력과 마음가짐

마찬가지로 풍경화나 풍경사진이 의미가 있는 건
풍경 자체보다 그걸 그리고 찍은 사람의 마음일 터

어찌 보면 우리 사는 것도
무엇을 가지고 무엇이 되는가도 중요하겠지만
어떤 마음으로 어떻게 사는 게 더 중요한 게 아닐지

귀금속의 재료가 무엇인지도 중요하겠지만
세공사가 어떤 솜씨와 집중력으로 만드는가 하는 것이
그에 못지않게 때로는 그보다 더 중요한 것처럼

(미얀마 인레호수 금은세공방)

sport

14. 반드시 피의 빚을 갚아야

전쟁은 어떤 대의명분을 붙여도
남은 건 구경거리가 된 살생무기들
폐허가 된 삶의 터전들

전쟁은 결국 모든 걸 비참하게 파괴하고
남은 건 그걸 기록한 사진들

베트남 전쟁 기념관에 들어서면
하나같이 잔인하고 비참한 전쟁사진들

그 중 한쪽 벽면에 전시된 인도차이나 전쟁 때
베트남 타이빈에서 사진을 찍다가 사망한
로버트 카파가 찍은 사진들
그리고 그를 찍은 사진들

사진은 충분히 가까이 찍어야 한다는
카파이즘은 그를 지뢰밭으로 이끌었고
그는 전쟁의 무모함과 허망함을 몸으로 사진으로 증명했다

미군의 전쟁의 죄악과 패배는 충분히 가까이 가지 못한 탓
멀리서 고엽제 소이탄 네이팜탄 백린탄 등등 투하해서
많은 사람들만 죄 없이 죽게 하는
지울 수 없는 부끄러움만 남겼는지도 모른다

정덕권

어느 무너진 건물에 적혀 있는
"Nixon Phai Tra No Mau" (닉슨은 피의 빚을 갚아야만 한다)
영어 안내문엔 (Nixon Pay Your Blood Debt)
동행한 베트남 교수는 영어번역은 의도적/외교적 오역이라고 지적한다
베트남 문구에서 강조되는 것은 "Phai"이며 이것은 영어로 "Must"의 뜻으로
피의 빚을 "꼭" 갚아야만 한다가 강조되어야 한다고

피의 빚은 아픔의 빚은 슬픔의 빚은
무슨 협정이니 불가역이니 돈이니
그런 것으로 대충 갚아지는 것이 아니라고

(베트남 호치민 전쟁기념관)

On March 29, 2013, Nick Ut presented this photo to War Remnants Museum.

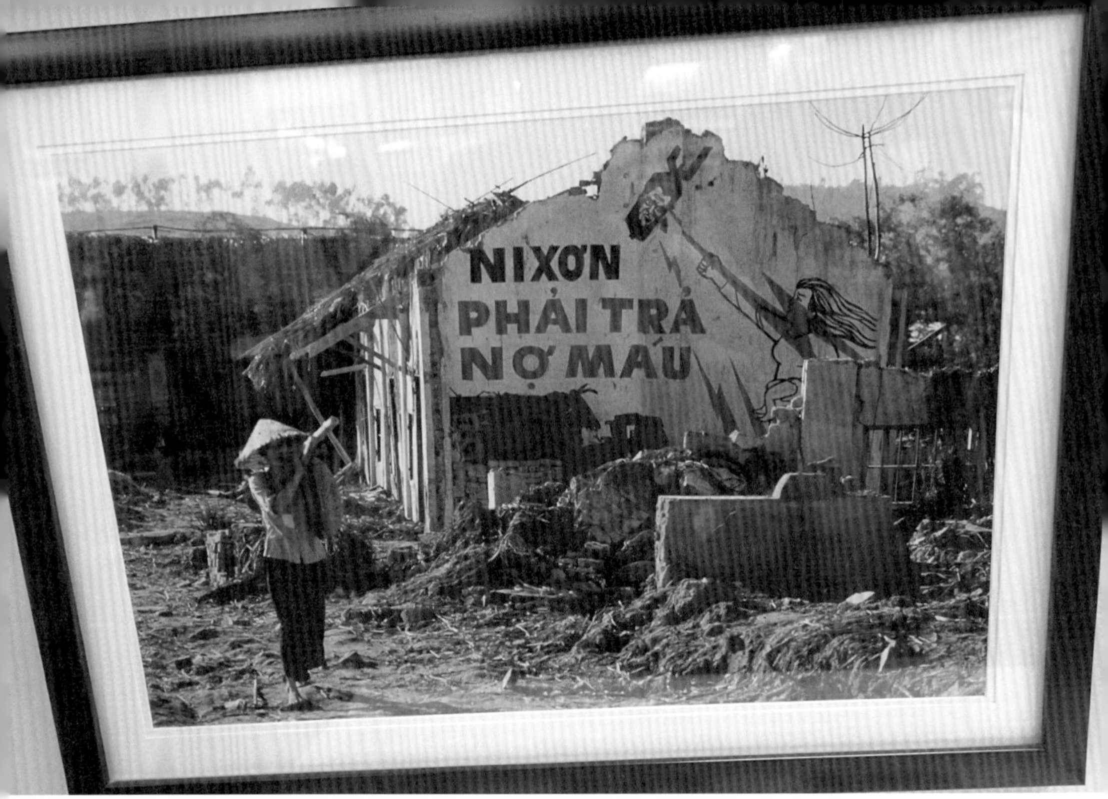

"Nixonphải trả nợ máu"
Rất nhiều người dân thương vong vì những cuộc ném bom hủy diệt bằng máy bay thả bom B-52, máy bay tiêm kích. Bệnh viện các nơi tiếp nhận nhiều trẻ em bị thương.

Ngoại ô Hải Phòng, 11/197

"Nixon, pay your blood debt"
Bombings by American B-52 and ... and injured a great many civilians. ... localities admitted many injured children.

Hai Phong suburb, November 1972

「ニクソンよ、我々から奪った血を返せ」
米軍のB52大型爆撃機、戦闘機による徹底的な爆撃で多数の市民が死傷した。
各地の病院には負傷した大勢の子どもが収容されていた。

15. 무굴 왕국의 아그라성

옛날 옛적 인도를 지배했던
무굴 왕국의 아그라성
사암과 대리석 성채의 음각 문양에
장식되었던 값나가는 보석들은
식민지 지배자 영국인들이
알뜰하고 꼼꼼하게 빼가고
남은 건 거대한 왕조의
웅장하고 허망한 뼈대들
개들 원숭이들 비둘기들
임자 없는 왕궁에서 주인행세
옛날의 왕과 왕비와 왕자와 공주의
화려하고 은밀한 이야기들
격자무늬 창살 통해 빛으로 그림자로
도란도란 속삭이는 듯

(인도 아그라성)

16. 카츠와하 왕조의 암베르성

11세기부터 700여 년 이곳을
지배했던 카츠와하 왕조의
아직도 견고하고 화려한
인도 라자스탄 자이푸르 암베르성

과거에 수많은 적들을 물리쳤던
막강했던 코끼리부대의 후손들
관광객들을 싣고 성채로 오르내리고

벨기에에서 수입한 유리로 만들어
촛불 하나로도 채광이 된다는 거울의 방엔
관광객들이 각도를 조절해
거울에 반영된 셀카를 찍고
경비원들은 편한 자세로 경비를 하다가
관광객들 사진 찍어주고 팁도 받고

사람들을 물리쳤던 과거의 성채가
사람들이 몰려드는 관광지로 변하는
역사의 역설
역설의 미학

(인도 암베르성)

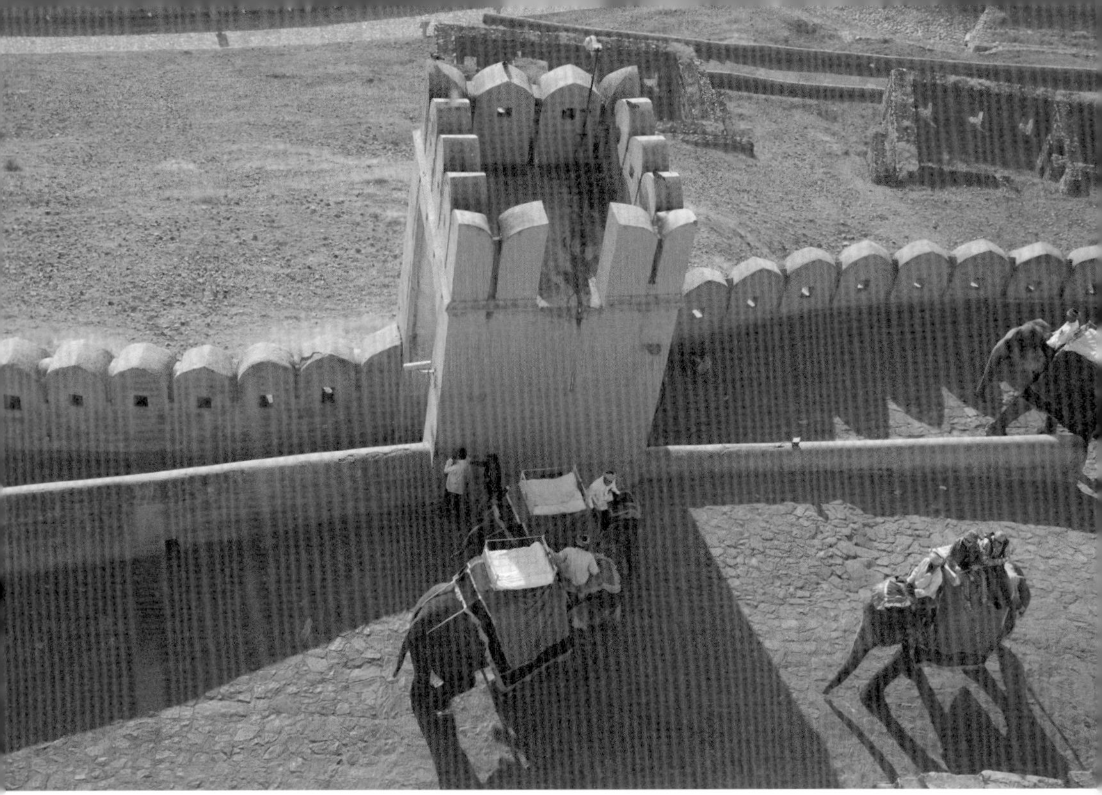

17. 나하르가르 성채의 노을

시내가 발아래 펼쳐지고
석양 풍경이 장관이라고 유명해진
인도 자이푸르를 지켰던
난공불락의 요새 나하르가르 성채

지금은 산정 높은 곳의 성채가
파도아 레스토랑으로 재활용
관광객들 지프차 타고 올라와서
느긋하게 일몰 감상하며 킹피셔 맥주 마시는 곳

이윽고 해가 지기 시작하면
사람들도 구름들도 노을빛에 물들며
사진 찍기 좋은 시간이라는 매직 아우어에
마법에 걸린 듯 잠시 붉은 구름타고
여기 아닌 다른 곳으로 멀리 떠나는 곳

나하르가르의 노을과 파도아의 맥주가 만나
밤이 오기 전 세상이 어두워지기 전
고요하게 성체성사를 드리는 곳

(인도 자이푸르 나하르가르 성채)

18. 연애하는 사람들

인도 델리 하우스카즈는 13세기 델리 왕조 시대부터
저수지 시설이었다가 이슬람 신학교였다가
왕의 무덤이었다가 모스크이기도 했던 곳

한국말 서툰 인도인 가이드 죠티 쿠마르에 의하면
지금은 사람들 "연애하는 곳"
아닌 게 아니라 폐허가 된 이슬람 건물들 사이사이
편안하게 하루를 즐기며 "연애하는 사람들"

믿음과 소망과 사랑 중에
그 중에 제일은 사랑이라
성경 말씀을 여유 있게 온몸으로 실천하는
이슬람 유적지의 인도 사람들

(인도 델리 하우스카즈)

4부. 노적암에서 백조의 춤

(중국, 티베트, 일본)

芦笛岩
Reed Flute Cave

1. 노적암에서 백조의 춤

한때는 마을 사람들이 전쟁 중에 숨어들던 피난처
지금은 관광객들이 입장료 내고 구경하는 명승지
동굴 주변의 갈대로 피리를 만든다고 해서 이름 붙인 동굴
갈대 노, 피리 적 노적암(蘆笛岩 / REED FLUTE CAVE)

세월과 자연이 만들어낸 갖가지 모양의 종유석에
인간들이 다양한 이름을 지어 붙이고
오색 조명을 비추는 원시와 현대, 야생과 인공의 거친 대비

동굴 내부 수정궁에서는
백조의 호수 곡조에 맞춰
발레 공연을 보여주고

중국 오지의 동굴에 차이코프스키의 음악에
지그프리트와 오데트의 사랑이
반복적으로 공연되는 것도 묘한 부조화의 조화

동굴 밖으로 나오니 동굴의 어둠과 조명 대신 자연광이
호수에는 백조 대신 오리들이
공주와 왕자 대신 유람선 탄 엄마와 아들이

계림의 도화강 노적암에서
현실과 환상이 기묘하게 섞여진
무더위 속 한여름의 꿈

(중국 계림 노적암)

2. 수줍게 뛰어가는 계림

계림의 옛마을 푸타오에선
중국 특유의 시끄러움보다는
시골 마을의 조용함만 시나브로 익어가는
잘 익은 발효주처럼 은근한 향기로 감돌고
지나가는 사람 화들짝 반기지도
차갑게 내치지도 않고
그저 묵묵히 자기 일들만 하고

갓난아이는 엄마 품에 평안하고
좀 큰 아이들은 부끄럽다고 눈에 안 띄려고
이리저리 달음박질치는데
그게 오히려 눈에 더 잘 띄는 모습

잘 익은 황피과 주렁주렁 열리고
마을 아줌마는 먹어보라고 수줍은 듯 건네주고
얼핏 보면 다 쳐지고 늘어져 보이지만
조금만 다가서면 나름의 생기가 넘치는 푸타오 마을

그늘 속에서 더 푸르게 자라는 이끼식물처럼
응달에서 더 진하게 더 향기롭게 피어나는 응달꽃처럼

(중국 계림 푸타오)

吉星高照

3. 비 내리는 계림 상공산

산 아래 멀리 이강으로 고기잡이 간 남편을
하염없이 기다리는 아내의 전설이 서려있는
계림 상공산의 옛 이름은 망부산

산 너머 산 너머 산
구름과 안개 사이로 멀리 이강이 흐르고
길고 긴 기다림은 쓸쓸하고 외로웠으리라

기다림의 고통과 고독의 어둠 속에는
희미한 희망의 빛 알갱이가 계시처럼 빛내림으로
비록 지금은 어둡지만
어두울지라도
어두울수록

(중국 계림 상공산)

종일망부부불귀(終日望夫夫不歸) 해지도록 기다려도 님은 아니 오고
화위고석고상사(化為孤石苦相思) 외로운 돌이 되어도 애달픈 그리움
망래이시기천제(望來已是幾千載) 행여 오시려나 기다린 날 아득한데
지사당시초망시(只似當時初望時) 시종일관 한날같이 오로지 기다릴 뿐

유우석(劉禹錫), 망부산(望夫山)

4. 병마용과 레이저

동양과 서양을 잇는 실크로드의 중심 도시
지금은 서안이라고 불리는 장안은
고대 중국 여러 왕조의 수도
이천년 전 지하세계를 지배하고자 했던
진시황의 거대한 욕망으로 빚어진
고대의 고요한 테라코타 병사들과
현대의 시끌벅적 구경꾼 무리들과의 새로운 전쟁
오랜 세월로 빛바래고 조각난 몸들로 전열을
재정비한 고대의 병사들
호기심으로 무장한 현대의 무질서한 여행자들
휴대폰 카메라 레이저 광선으로 공격
꿈쩍도 않는 오랜 세월을 이겨낸 막강한 방어

(중국 서안 진시황 병마용)

5. 먹어야 살고 살아야 먹고

고대로부터 실크로드를 통해 중국에 온
아라비아 상인들이 터를 잡고 살아온
중국 서안의 회족거리(回民街)
지금은 이슬람 문화와 진기한 먹거리로
서안에서 인파가 가장 많이 몰리는 곳
먹어야 살고 살아야 먹는다
어린이든 젊은이든 노인이든
회교도든 불교도든 무교도든
흑인이든 백인이든 황인이든
살아있음을 축복하며
먹을 수 있음에 감사하며

(중국 서안 회족거리)

6. 큰 바위 부처님

실크로드 지나는 길목 중국 천수현(天水縣)
보릿단을 쌓은 것처럼 보인다는 맥적산(麥積山)

높은 절벽 따라 아슬아슬한 계단 오르면
중국 후진(後秦, 384~417)시대 이래
오랜 세월 여러 왕조에 걸쳐
끊임없이 만들고 고치고 덧칠한
다양한 모습의 석굴 조각상들

바위 위에 흙을 붙여 만드는
석태니소(石苔泥塑) 기법으로
섬세하게 다듬은 부처님 얼굴들

이웃집 아저씨 같기도 하고
옆 동네 아가씨 같기도 한
친근하고 소박한 표정들

깎아지른 절벽에 절을 짓고 불상을 만들고 벽화를 그렸던
목숨 걸고 실크로드를 넘나들었던 중생들의 간절한 마음들

*당나라 시인 두보가 좁고도 높은
난간과 계단을 올라 깎아지른 절벽 산사에서
내려다보았던 산 아래 펼쳐지는 풍경들

(중국 천수현 맥적산 석굴)

* 성 밖 절에 남아있는 스님 별로 없고
산 위에 있는 뜰 오르는 길 좁고도 높네
노루들은 바위와 대숲에서 잠자고
앵무새는 금빛 복숭아 쪼아 먹고 있네
어지럽고 사나운 물 사람들이 건너가고
깎아지른 절벽에 집 지어져 있어
위쪽 중층 누각에 저녁이 와도
백리 안 터럭까지 모두 보이네
-두보(杜甫), 산사(山寺)

7. 십만 불상 난주 병령사

황하의 물이 흐르고 흘러
산을 깎아 만든 기묘한 바위들로
이루어진 감숙성 난주 황하석림 지나서
티베트 어로 십만 불상이란 뜻이라는 병령사 석굴
당나라 초기 만들었다는 거대한 미륵 대불상
편안한 모습의 와불 부처님의 열반상

토번(티베트)풍의 아기자기하고 화려한 벽화들
서기 420년 이래 수많은 사람들의
수많은 기원을 담은 수많은 불상들
실크로드를 통해 동서의 문물과 예술이 만나서
빚어진 육감적이고 에로틱한 조각들

입구 절벽 위 184호 노군동 석굴 암자에는
30년 넘게 근처 산에 꽃과 나무를 심고 가꾸며
노자 공자 석가모니 상을 함께 모시는 88세 노인
깎아지른 절벽 석굴 가는 길 꽃을 심어 가꾸고
우공이 산을 옮기듯 주변 바위산을
초록 숲으로 만들어 가며
강물도 흐르고 세월도 흐르고
노인도 그 흐름과 하나 되어 흐르고

(중국 난주 병령사 석굴)

8. 중국의 젖줄, 중국의 어머니

실크로드의 요충지라 불리는 중국 감숙성 난주
노랗게 풍요롭게 시내 중심으로 유유히 흐르는 황하강
비 온 뒤 범람하는 강물을 보러 몰려든 사람들

자고로 중국인들의 어머니 또는 젖줄과 같다는 뜻으로 만든
어머니와 아이가 함께 있는 거대한 황하모친상
따사로운 햇빛 받아 환하게 반짝이고

주변엔 위구르족 한족 조선족 외국인들까지 함께 섞여
이야기도 하고 산책도 하고 노래하고 춤을 추기도 하며
즐겁고 조화롭게 강물과 햇빛과 사람들 함께 어우러지고

(중국 난주 황하모친상)

9. 모래가 우는 사막

실크로드 무위 장액 주천 지나 돈황
바람이 불면 사막의 모래들이
울려서 소리를 낸다고도 하고
한나라 군사들이 모래바람에
묻혀서 울음소리를 낸다는 전설이 있는
울 명, 모래 사, 명사산(鳴/鸣沙山) 모래언덕

위험하고 아름답게 이어지는
모래 산의 부드러운 곡선
낙타를 타고 오르기도 하고
맨발로 오르기도 하고

명사산 아래엔 오아시스 호수
초승달 모양의 월아천(月牙泉)
명불허전의 전각엔 수월관음 보살상
뜻 모를 미소를 지으며
삭막한 사막의 울음소리를 달래는 듯

(중국 명사산 월아천)

정석권

10. 내 눈으로 모두 보았네

서역으로 가는 관문 실크로드의 중심 돈황 막고굴
동서가 만나는 척박하고 위험한 사막의 길목에
사람들의 소망과 문물교류의 기록을 담은
천년 넘게 만들어진 조각들 벽화들 문서들

영국 프랑스 일본 제국주의자들의
탐욕과 호기심에 시달렸던 귀한 예술품들
예컨대 24번 굴의 법화경 경변도
259번 굴의 그리스 영향을 받았다는 반가사유상
보기에 따라 슬픔과 기쁨이 겹쳐 보이는 신비스런 표정

그리고 지금은 프랑스 국립박물관에 있다는
*신라시대 혜초가 인도를 여행한 기록인
왕오천축국전이 발견된 17번 굴 장경동

서기 723년경 이십대 초반의 나이에
서역 인도와 주변 나라들 험난한 길을 다니며
상세하게 써서 남긴 혜초 스님의
불굴의 모험과 도전과 기록정신에 경배를…….

(중국 돈황 막고굴)

---

* 아득한 깨달음도 염려하지 않았는데
녹야원 먼 것쯤 어찌 걱정했겠는가
근심이라면 길 하나 험하다는 것이지만
업의 바람에 날릴 테니 개의치 않으리라
여덟 탑을 보는 것은 어려운 일이지만
세월에 타버린 모습 보고 있네
이렇게 사람 소원 이뤄지다니
오늘 아침 내 눈으로 모두 보았네

\- 혜초(慧超), 간략히 그 우둔한 뜻을 적다(略題述其愚志)

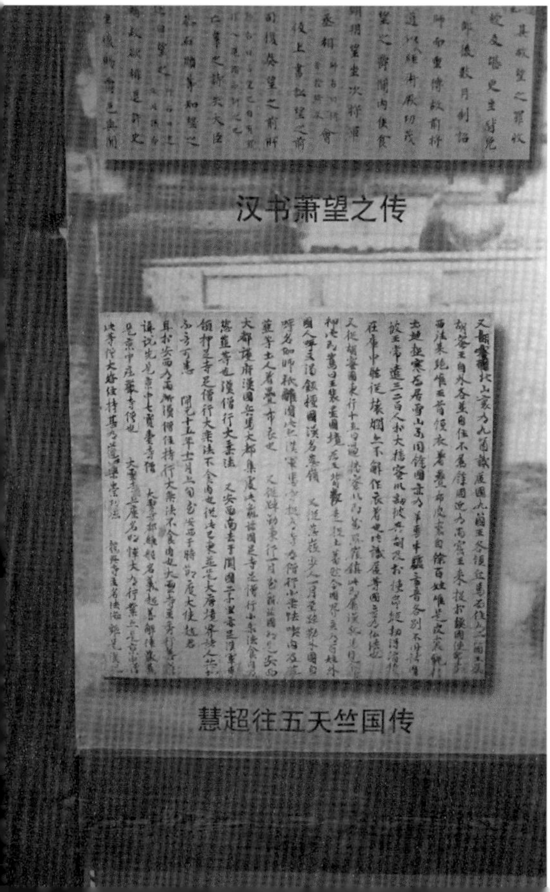
汉书萧望之传
慧超往五天竺国传

16-17

11. 세계 유일 도시 곁 사막

위구르어로 모래산(sand mountain)이란 뜻의
쿠무타크 사막(庫木搭格 沙漠, Kumutag Desert)은 세계에서 유일하게
도시(선선, 鄯善)와 사막이 연결된 곳

녹불퇴 사부진(綠不退 沙不進)으로
녹색지대는 후퇴하지 않고
사막지대는 전진하지 않아서
서로가 평화롭게 공존하는 곳

고대 누란(樓蘭)왕국의 공주가
사막화를 막기 위해
영혼을 바쳐 인어가 되었다는
전설이 남아있는 곳

서로 다른 존재가
서로 가까이 있어도
서로를 침략하지 않는 곳

그래서 사막도 오아시스 도시도
바람과 모래가 만들어내는
모래산의 물결무늬도
더욱 아름다운 곳

(중국 선선 쿠무타크 사막)

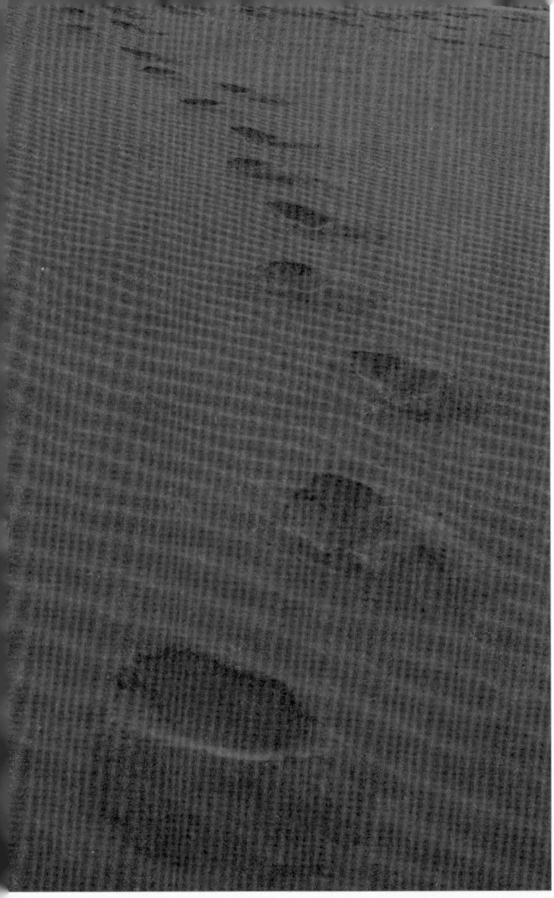

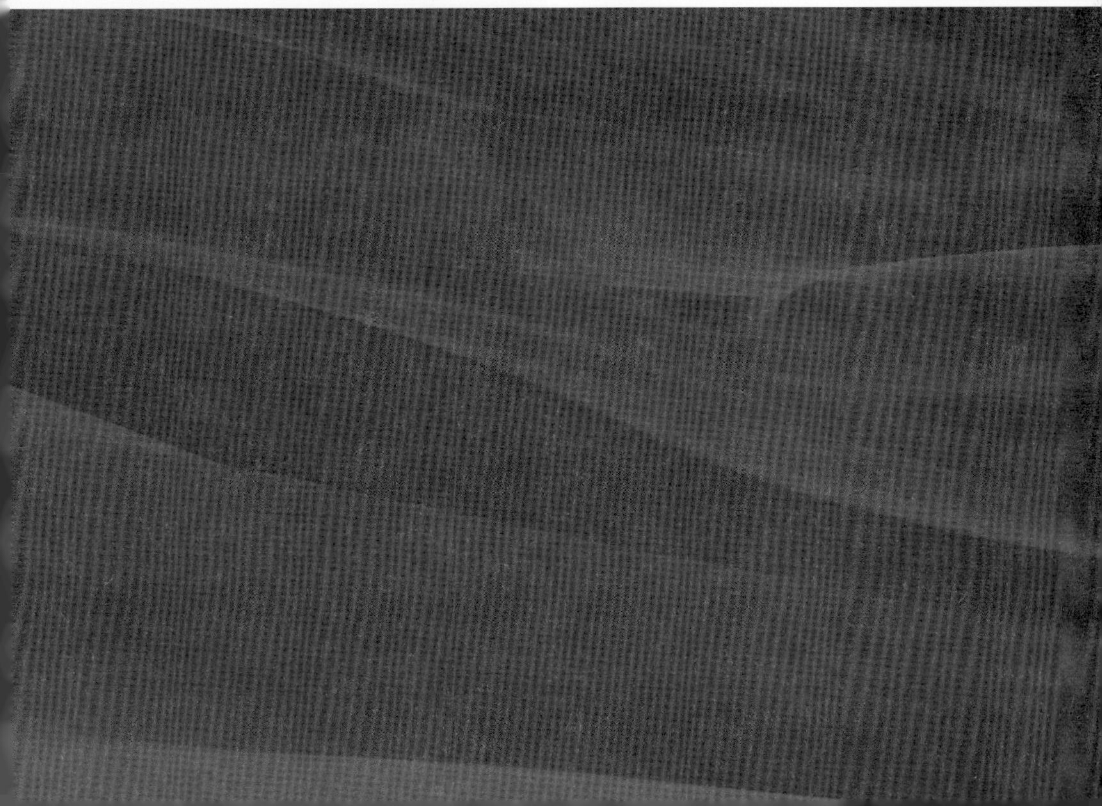

12. 티베트 천장대 가는 길

색색 깃발 바람에 휘날리고
색색 들꽃 언덕에 지천이고
천장대 가는 길은 아름다운 길

그대 죽어 천장대에 가서
도끼로 뼈가 잘리고
독수리가 살을 물어 하늘로 가면

그대 바람 되어 색색 깃발 휘날릴지니
그대 들꽃 되어 언덕 곱게 수놓을지니
천장대 가는 길은 아름다운 길

(중국 랑무스 천장대)

13. 삼사라 속의 니르바나

고통을 고통으로만 여긴다면
고통에서 벗어나지 못하지만
고통을 그 너머의 어떤 것으로 여길 수 있다면
고통은 또 다른 모습으로 그대에게 다가오리니

코라 돌기 마니차 돌리기 오체투지
티베트 승려들의 사뭇 진지하고 유쾌한
불경 외우기 문답수련인 변경
큰소리로 불경을 외우며 하루가 저문다

티베트의 일상은
깨달음의 고통
혹은 고통의 깨달음
승화되어 아름답게 피어나는 깨달음의 축제

삼사라 속의 니르바나
니르바나 속의 삼사라
속세는 열반이고
열반은 속세이니

(중국 랑무스 티베트 사원)

14. 풍신수길과 월산명박의 오사카

미천하게 태어난 풍신수길(豐臣秀吉)
원숭이 대머리쥐 그런 별명으로 불리다가
야망을 품고 근면성실 잔인하게 성공해서
끝없는 욕망으로 세상을 어지럽히다
이젠 그곳에선 신으로 추앙받는다고

그곳에서 태어난 월산명박(月山明博)
야망 비슷한 걸 몰래 품고
비슷하게 성공해서 비슷한 별명으로 불리다가
끝없는 욕심으로 나라를 뒤집어엎다가
이젠 모리배와 사기꾼의 신이 될 거라는 소문이

풍신수길이 지었다는 오사카 성 주변엔
그를 기리는 신사 그리고 오천 년 타임캡슐이
소름끼치게 왜곡되는 역사의 허상을 보여주어
무슨 건설이니 무슨 댐과 오버랩 되고

화려하고 견고한 오사카 성채엔
빛과 어둠이 극명하게 대비되고
어디서 까마귀 울음소리가 울려 퍼져
인간의 헛되고 삿된 허영과 맹신을 경고하는 듯

(일본 오사카 성)

5부. 어머니 산으로 가시던 날

(한국)

2017년 11월 14일
어머니 돌아가시고
2017년 11월 16일
어머니 산으로 가셨다

1. 어머니 산으로 가시던 날

어머니 산으로 가시던 날
가을하늘 참 맑았다

어머니 바라시던 예쁜 꽃상여 타고
산으로 가셨다
낙엽 흩날리고 억새 흔들렸다

소리꾼 상여꾼
앞소리 뒷소리
산길 따라 구슬펐다

간다간다 나는 간다 북망산천 나는 간다
에헤에이 에헤이 오헤 오헤
저승길이 멀다더니 대문 밖이 저승일세
에헤에이 에헤이 오헤 오헤

슬픔도 울음도 그리움도
상여소리 구성지게
푸른 하늘 스러졌다

어머니 산으로 가시던 날
하늘은 끝내 맑았다

(전북 진안)

2. 끝나도 끝난 게 아니다

끝났다고 다 끝난 게 아니다
죽는다고 다 죽는 게 아니다
늦가을 전주 교동 향교는
온통 노란 색으로 찬란하다
노란 색은 지나간 추억의 쓰라림이다
노란 색은 새로운 생명의 촛불이다
노란 색은 희미한 희망의 꿈틀거림이다
은행나무들
노란 이불을 펴고
노란 장막을 치고
노란 눈을 내리며
겨울이 오기 전
어둠이 오기 전
한바탕 축제
죽어도 죽는 게 아니다
끝나도 끝난 게 아니다

(전북 전주)

3. 전주 풍남문의 봄

1895년 4월 24일
전주성 탐관오리들 몰아냈던 전봉준
눈 부릅뜬 채 사형당한 날
이어지는 슬픈 역사
나라가 유린되고 소녀들이 끌려가고

그리고 또 봄
1980년 5월 18일
2014년 4월 16일

봄은 그저 계절의 순환의 이름
날짜는 그저 시간의 흐름의 숫자
세월은 비정하고 무심하게 흘러가고

하필이면 꽃피는 화사한 봄날
하필이면 작전명 화려한 휴가
하필이면 학생들 즐거운 소풍

4.24의 죽음이 5.18의 죽음에게
5.18의 엄마가 4.16의 엄마에게
죽어도 죽지 마오 쓰러지지 마오

봄은 그냥 왔다 가는 것이 아님을
꽃은 그냥 피고 지는 것이 아님을

(전북 전주)

우리는 전쟁을 원하지않는다.
한반도 전쟁 위기 불러오는 사드 배치 반대한다 !!
FIFA U-20 WORLD CUP KOREA REPUBLIC 2017
전주에 오신 것을 환영합니다.
WELCOME TO JEONJU

세월호 참사 3년 사진전
잊을수 없는 날로

결코 식민지역사를 잊어서는 안됩니다
식민지역사는 잊지못할 아픈역사
간곡한 님의 어록
"우리가 강요에 못이겨 했던 그 일을 역사에 남겨두어야 한다"
김학순
"We must record these things that were forced upon us"
Hak-Soon Kim

정석권

4. 우리 동네 담장

좁은 골목으로 이어지는 동네에서
담장은 길과 집의 경계가 되기도 하고
때론 건물 자체의 외벽이 담장이 되기도 하고

담장을 싫어하는 무언가가 있다고
*어떤 미국 시인은 말했는데
우리 동네 담장에도 세월 따라
금이 가고 물이 흘러 부풀어 오른다

폐허가 된 그리스 신전 같기도 하고
알타미라 동굴 벽화 같기도 한
세월의 흔적들

그래도 우리 동네 담장엔
소나무 분재도 풍경화도
산수화도 고추모종도
어린왕자도 아기자기한 작품들

주차금지 표시는 손 글씨로
또는 장난감 자동차나
나무와 철사로 만든 설치미술로
기발한 아이디어들

어느 집 벽엔 영어로
FREE MAN 이라고 쓰여 있는데
자유로운 사람, 인지
사람은 자유롭다, 인지
자유로워라 사람아, 인지
사람을 자유롭게 하라, 인지
또는 그 모두인지

나라와 나라 사이에
무지막지한 담장을 쌓으며
업적이라고 자랑하고 있는
**어떤 미국 대통령에게 하는 말인지도

(전북 전주)

* 로버트 프로스트, 담장 고치기
** 도날드 트럼프, 멕시코 국경 장벽 공약

집수리·인테리어

정석권

5. 나무의 표정

숲길을 걸을 때
쫓기듯 바삐 갈 게 아니라
나무들의 표정도 살펴가며
천천히 걸을 일이다

화난 표정이면 달래주고
슬픈 표정이면 위로도 해주고
기쁜 표정이면 같이 웃어주고

나무들이 다리를 공중으로 뻗어서
하늘을 성큼성큼 산책하는 모습
먼 산의 풍만한 풍경
나무들의 섹시한 포즈도
상상해 보면서 이리저리 살펴보며
여유롭게 숲길을 걸을 일이다

그렇게 걷다 보면
나무들의 표정도 환하게 풀리고
플라타너스는 다양한 무늬의
신비로운 추상화도 보여주고
편백나무는 눈 똥그랗게 뜨고
고요한 숲의 이야기를 전해줄 것이다

(전북 전주)

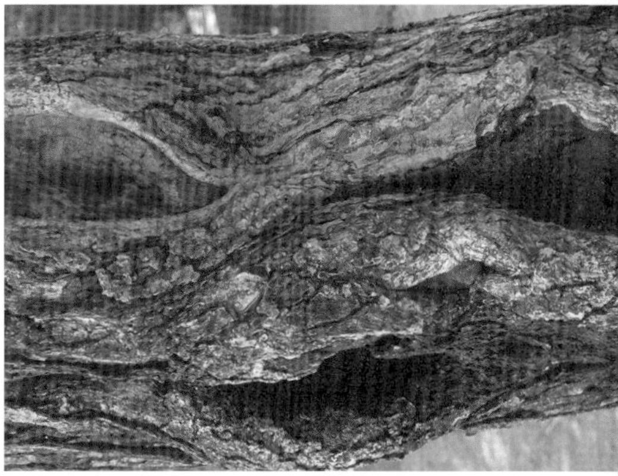

6. 전주 재래시장

남부시장 중앙시장 모래내시장
전주의 재래시장 어딜 가도
추석대목 경기가 예전 같지 않은 듯

그래도 추석 전날 재래시장에는
전 부쳐주는 집 생선 회 떠주는 집
야채 파는 집 과일 파는 집
김 구어 주는 집엔 나름 명절 분위기

전 부치는 손길 파 다듬는 손길
뜨겁고 바쁘고 피곤하고
고르고 고른 차례 음식물 들어있을
껌정 비닐봉지 들고 가는 발길
무겁고도 가볍다

(전북 전주)

장수사과

7. 전주 한옥마을

맑게 흐르는 전주천
내려다보이는 한벽루
누군가 부는 대금 소리
가을바람 선선한 하늘에 퍼지고

전주 한옥마을엔 추석을 맞아
한복 차려 입고 나들이 나온 사람들

경기전 앞에는 국악공연 준비가 한창
연주자들은 악보를 보며
서로 소리와 연주를 맞춰가며
리허설에 열심이고

한쪽 편에 놓여진
학생 봉사활동 서류에는
남원 예술 고등학교 연주학생들
명단에 확인 서명이 있고

이윽고 흥보가 판소리에
오봉산타령 가야금 합주
신민요 배 띄워라
떨리는 손길 힘찬 열창에
지나가던 사람들 모여들어 갈채를 보내고

정석권

공연 끝나고 자기가 실수했다고 걱정하는 학생
그 정도면 잘했다고 위로하는 학생
어깨 다독이며 칭찬하는 지도교사

세파에 찌들어 지친 사람들에게
힘이 되는 추석 선물을 해준
학생들의 성실하고 열정적인
"진짜" 봉사활동에 박수!

(전북 전주)

8. 흔적, 가을 이야기

가을은 흔적의 계절
막 벌초한 무덤에는 노란 황토와 푸른 잡초가
파란만장했을 한 삶을 이야기한다

간벌해서 썩어가는 나무둥치들은
길고 긴 비와 바람과 햇빛의 세월을 속삭인다

산사에는 무심하게 낙엽 떨어지고
거미줄엔 삶과 죽음의 흔적들

가을밤 아궁이에 불타는 장작들은
온몸을 빨갛게 불태워서 검은 재로
흔적만 남기고 사라지지만
한편으론 온밤을 구들장을 뜨겁게 할
나무들의 화려한 불꽃축제

이렇게 살다가 싸우다가 태우고 가는 거라고
고요히 노래하는 가을의 흔적들

(전북 완주)

9. 겨울 준비, 남고산성 가는 길

남고산성 가는 길에
다가오는 겨울을 대비하는 모습들
문패에 이름까지 새겨놓은
왱이라는 개를 키우는 집에도
나무들도 풀들도
산자락에 일궈놓은 밭에도
겨울의 시작이 느껴지고

초대 조계종 종정인
효봉스님이 물 공기 숲이 좋아서
삼경사라고 이름 붙인 절에선
경내에 있는 불상과 얼굴이 닮은 듯한
도우스님이 눈 오면 절에 오는
신도들 길 미끄러울까봐 걱정하고

효봉스님이 쓴 삼경사 현판 앞에는
도우스님이 잘 빚어 걸어놓은 메주들이
빗긴 햇빛 받으며 곱게 익어가고
나무들은 버릴 것 다 버리고
낙엽으로 이불 덮고
지는 해를 향해 의연하게 서 있고

어떻게든 버티고 버티면
겨울 지나고 봄이 오리니
봄이 오면 다시 만물이 소생하리니

찬바람 거세게 불어도 마음 넉넉한
겨울 준비를 마친 산성 가는 길

(전북 전주)

53-1
53-198←
남고산성1길
Namgosanseong 1-gil

10. 중바위 2020

전주 근교 한벽루 옆 터널 지나 중바위산은
승암사란 절이 있어 승암산이라고도 하고
천주교 묘지가 있어 치명자산이라고도 하고

그리고 바람 쐬는 길이라 이름 붙인
가파른 골목길 계단 따라 올라가면
다닥다닥 붙어있는 집들 사이에
암자 기도원 교회 점집
현실과 꿈이 어지럽게 뒤섞이는 듯

앙상하고 힘찬 겨울나무들
성모마리아상 예수상 부처상 부도탑
교회 십자가 점집 깃발 모두
저 높은 곳 어딘가를 가리키고 있고

그러나 저 높은 곳을 올라가려면
미끄러운 오르막길 가파른 계단
사나운 개 조심 안전제일
벽에 기대지 마시오
경고

2020년 새해
미세먼지 자욱한 도시 넘어
서산 뉘엿뉘엿 지는 해는

정석권

화려한 희망도 비관적인 절망도 아닌
그저 오늘 하루도 수고했다는 위로와
소박하고 조용한 오늘 저녁의 휴식을 소곤거리고

(전북 전주)

치유 회복과 응답의 동산
회복

11. 정월 대보름 당산굿

전북 임실군 강진면 필봉마을 주민들
정월 대보름이면 당산제를 올린다네

유세차 병신 정월 필봉 주민 감소고우
상쇠 그리고 대포수 양반 각시 할미에다가
조리중 화동 창부 잡색들 복색 갖춰 죄다 모여서
돼지머리에 조율시이 온갖 과일 차려놓고
마을 지키는 당산나무에 치성을 드린다네

그리고는 징 꽹과리 장구 북 힘차게 두들기며
꽁꽁 언 겨울을 녹이고 굳은 삭신을 풀고
답답하게 닫힌 마음을 열어젖힌다네

돼지머리는 퇴계이황 율곡이이 세종대왕 신사임당
심지어는 링컨 대통령이 그려진 지폐들로
코가 막히고 귀가 막혀 그저 웃고
온 마을이 한바탕 흥겨운 굿판으로 어우러진다네

(전북 임실)

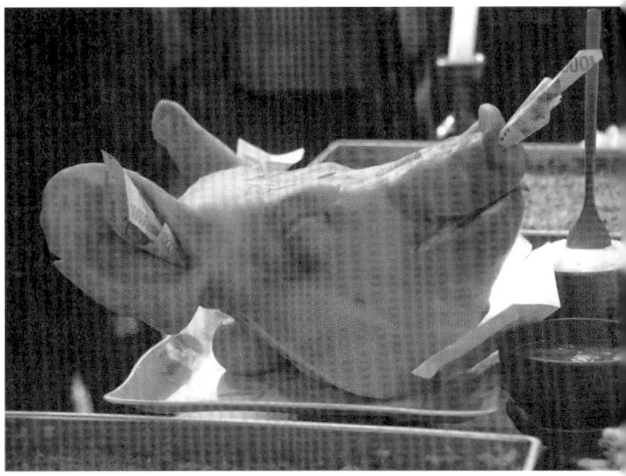

국가지정중요무형문화
호남좌도임실필봉농악

12. 섬진강 흐름 따라

진안 백운 데미샘에서 시작해서
낮은 곳으로 낮은 곳으로
부딪히며 구르며 다치며
남해바다까지 먼 길 흐르는 섬진강
임실 강진에서 광양 수변공원까지
지리산 줄기 따라 가는 섬진강 종주 자전거길

어둠 속에서 꿈틀꿈틀 깨어나며
자욱하게 물안개 피어나는 새벽 강
*아픈 몸이 아프지 않을 때까지
안개를 뚫고 안개와 함께
아파도 아플수록
쉼 없이 흐르는 섬진강

장군목 지나고 향가유원지 지나고
횡탄정 지나고 사성암 지나고
남도대교 지나 매화마을 지나 배알도 수변공원
돌에 부딪혀 신음하기도 하고
햇빛 받아 반짝이기도 하면서
산 나무 구름 하늘 가슴에 품어주고

이윽고 상처가 모여 푸른 멍으로 출렁이는 파도
아픔을 쓰다듬듯 해변을 어루만지는
희미한 희망과 은밀한 위로로 들썩이는 바다

(전북 임실 - 전남 광양)

* 아픈 몸이
  아프지 않을 때까지 가자
  골목을 돌아서
  베레모는 썼지만
  또 골목을 돌아서
  신이 찢어지고
  온몸에서 피는
  빠르지도 더디지도 않게 흐르는데

- 김수영, 아픈 몸이

13. 모악산 대원사

자연은 자유롭다
흐르는 물 부는 바람
바람결에 흔들리는 나뭇잎들

인간은 위험하다
무모한 욕심 이기적 행동
자신을 타자를 해치는 행위들

인간은 자연을 닮고 싶어 산에 오른다
물 건너 계곡길 따라 대원사에서
흐르는 약수 마시고 모악산에 오르고
대원사 스님은 승복 겉옷 벗어놓은 채
다람쥐도 산새들도 노니는
봄이 한창인 경내를 한가롭게 산책하고

부처님 오신 날
대원사 곳곳에 봄꽃이 한창이고
경내에 색색 연등들이 걸렸는데
명부전에는 이명박 사대강 항의로
분신하여 소신공양(燒身供養)한
문수스님의 추모 글이 화려한 연등과 대조되고

부처님 오신 날
석가모니는 태어나자마자
천상천하유아독존(天上天下唯我獨尊)
세상의 모든 나가 존귀하니
나와 같은 모든 생명을 존중하고
참된 나를 찾으라고 했다던가

그리고 일체중생실유불성(一切衆生悉有佛性)
모든 존재는 부처이니
세상을 해치지 말고
흐르는 물도 막지 말고
물처럼 바람처럼 자유로우라고 했다던가

(전북 완주)

冥府殿
소신공양(燒身供養)문수스님 추모소
(수첩에 적은 유서)
이 땅의 모든 생명을 위해 소신공양을 하신 문수스님의 고귀한 뜻을 생각하고 기립니다.

14. 만경강

혼신의 힘을 다해 열창을 한 가수가
관객들을 향해 정중하게 절을 하듯
김제평야 너머 만경강 너머 서해 너머로
지친 몸을 기울이는 늦가을 노을

비비낙안(飛飛落雁)이라고 한 때
기러기들이 내려앉는 바다였다는
삼례 비비정(飛飛亭)에서 내려다보는
만경강으로 이어지는 억새 무성한 한내천

지는 해처럼 지쳤지만 홀가분하게
여름의 푸르름은 이제 다 잃었지만
옷깃을 여미게 하는 스산한 가을바람에
흔들리며 밝게 빛나는 마른 억새들

쓸쓸해도 찬란한 찬란해서 쓸쓸한
늦가을 오후의 만경강

*어느 시인이 읊었던
이제는 미칠 일 하나로 바다에 다 와 가는
해질녘 울음이 타는 가을 강

(전북 삼례 비비정)

* 마음도 한 자리에 못 앉아 있는 마음일 때,
친구의 서러운 사랑 이야기를
가을 햇볕으로나 동무 삼아 따라가려면,
어느새 등성이에 이르러 눈물나고나.

- 박재삼, 울음이 타는 강

15. 어둠을 벗어나 빛을 향하여

움베르토 에코도 죽고
무하마드 알리도 죽고
피델 카스트로도 죽었다

그들도 아이들도 우리들도
죽거나 실종되거나 침묵하거나
그렇게 또 한해가 저물었다

서해 바다 마량포구에
붉은 해 어두운 바다로 들어가고
새해에는 새로운 해가 뜨리라는
희미한 희망만 먼 하늘 별빛처럼 가물거렸다

그렇게 해가 저물었다
설마하며 수군대던 일들이
상처처럼 악취처럼 드러나고
상상은 부끄럽게도 현실에 수준미달이었다

그렇게 또 한해가 침몰하고 있었고
등대는 어두운 바다를 향해
흔들리는 빛을 힘겹게 보낸다

어둡더라도
어두울수록
어둠을 벗어나 빛을 향해
배들은 제 갈 길을 찾아 간다

(충남 서천 마량리)

16. 우리가 봄에게 가는 것

봄이 우리에게 오는 것이 아니다
우리가 봄에게 가는 것이다
이른 봄 여수 오동도에서
동박새가 마른 나뭇가지 사이에서
동백꽃 찾듯
동박새가 초록 나뭇잎들 사이에서
동백꽃 찾듯
봄은 그렇게 힘들여 찾아내는 것이다
길고 추운 겨울 내내 봄을 그리워한 사람들이
한발 두발 조심스레 봄에게 다가가는 것이다
그냥 오는 것이 아니다 우리에게 봄은
두근두근 설레며 가는 것이다 우리가 봄에게

(전남 여수 오동도)

17. 산수유 마을

봄이 와도 봄이 봄 같지 않은 날
같지 않은 사람들이 같지 않게 떠드는 날
봄꽃 보다 황사가
봄소식보다 미세먼지가
먼저 와서 설치는 날
비 오락가락하다가 바람 불다말다 하다가
하늘도 세상도 나라도
산란하고 어수선한 날
그럼에도 불구하고 그럴수록
산수유 꽃 노랗게 늠름하게 피는 날
견디고 견디어 끝내 가을이 오면
산수유 열매 빨갛게 황홀하게 익어
세상을 밝힐 날을 그리는 날

(전북 산동)

18. 양귀비 축제

개양귀비 꽃양귀비 우미인초 애기아편꽃
같은 꽃의 다른 이름들
*셰익스피어가 장미에 대해서
이름을 뭐라고 불러도 향기롭다고 했듯
사람들이 제멋대로 붙여놓은
이름이야 무엇인들 어떠하리

벌판에는 붉은 꽃들 가득 피어 바람에 흔들리고
그 붉음에 취한 사람들 꽃 따라 흔들리고
하동 양귀비 축제 마지막 날
가족들 연인들 꽃밭 길을 거닐고

활짝 핀 꽃만 꽃이더냐
꽃 축제의 끝자락
떨어진 꽃잎들 바람에 휘날리고
바닥에 뒹굴며 꽃 그림자와 어우러지고

이제 축제가 끝나고 나면
벌판은 고요하고 평화롭고 쓸쓸한
'안-축제'(un-festival)를 즐기리라
**《거울나라의 앨리스》에서 험티 덤티가
생일보다 더 많고 좋은
'안-생일'(un-birthday)을 즐기듯이

(전남 하동)

* 윌리엄 셰익스피어, 로미오와 줄리엣
** 루이스 캐럴, 거울나라의 앨리스

19. 외로움에 대하여

남산 위에 저 소나무도 외로워서 철갑을 두른다
철갑을 두른 소나무들 외로워서 휘어져 자란다

남산의 첨탑도 외로워서 하얀 낮달을 바라본다
간판의 빌리 엘리어트도 외로워서 춤을 춘다

남산은 외로운 사람들을 부르고
외로운 사람들은 남산에 와서
외로움은 외로움을 위로한다

오후의 빗긴 햇살이 남산의
외로움을 부드럽게 토닥거린다

*정진규 시인의 시처럼
철저하게 혼자인 존재들을 위해
내연의 연인이 되어주는 남산골의 햇살

(서울 남산골)

---

* 되도록 철저한 혼자일 것.
  심상의 깊은 그림자들과 만날 것.
  단 젖을 것.
  깊이 젖을 것.

  비를 내리게 하실 것.
  꿈보다 더 꿈이실 것.
  그러나 예의 그 눈물 목소리로부터
  해방되어 있을 것.

  사물이나 사태의 이행 변화를
  뜨거운 감각으로 수용하되 의미를 버리지 말 것,

음악의 풀밭에서 돋아나는 싱그런 상추 한 잎
그걸 어렵게 따 물고 하늘로 올라가는
한 마리 새일 것.

그런 내연의 여자 하날
깊이 감추어 둘 것.

정진규, 어느 날의 나의 시법(詩法)

표선해비치해변 인증센터

20. 제주의 푸른 새벽

제주 환상 자전거길
해안선을 따라 타원형을 그리며
용두암에서 용두암까지 234km

길은 업힐 다운힐
비는 오락가락
날씨는 흐렸다가 개었다가
살면서 그렇지 않은 적 있었던가

자전거 종주 마지막 날 성산 바닷가 모텔
곤하게 잠속에 빠져들었다가
새벽에 어디서 깊은 한숨 소리 신음 소리

잠 덜 깬 눈으로 창밖을 내다보니
희붐한 어둠 속에서 나이 지긋한 해녀들
물질하며 내는 신음 같은 한숨 같은
숨비 소리 가까이서 들리고
간간이 서로서로 건강 걱정 자식 걱정 세상 걱정
두런두런 나누는 이야기도 어렴풋이 들리고

제주의 푸른 새벽은
멍든 상처처럼 아픈 푸르름으로
혹은 고달픈 삶에 지친 슬픈 푸르름으로
혹은 어둠 속에서 희미하게 밝아오는
아슬아슬한 희망의 푸르름으로

(제주도)

정석권

에필로그

*제임스 조이스의 현현(顯現, epiphany) 비슷한
평범한 일상 속에서 갑작스레 달리 보이는 모습들
**릴케의 시에서 바라보는 눈은 없지만
바라보지 않는 부분은 어느 한 군데도 없는
삶을 변화시키지 않으면 안 되게 하는 시선들
***쿤데라의 소설에서 테레자가 책에 대해서 생각했던
은밀한 동지애를 확인하는 암호들
****유진 스미스가 사진에 대해서 말했던
우리의 감각을 인식으로 끌어내는 나지막한 목소리들
그런 모습들 시선들 암호들 목소리들이
사진과 글에 그 흔적이나마 담겨 있기를 바라면서 ……

---

* 현현(顯現, epiphany): 평범하고 일상적인 대상 속에서 갑자기 경험하는 영원한 것에 대한 감각 혹은 통찰. 제임스 조이스는 원래 종교적 색채가 강했던 이 말을 세속적인 경험에 끌어들여 독특한 미학 이론을 발전시켰음.

** 라이너 마리아 릴케, 고대 아폴로의 토르소

*** 밀란 쿤데라, 참을 수 없는 존재의 가벼움

**** "사진이란 기껏해야 하나의 나지막한 목소리일 뿐이다. 그러나 때로는 한 장의 사진이, 또는 몇 장의 사진이 모여서 우리의 감각을 인식으로 끌어낼 수가 있다."
유진 스미스 (1918-1978)

글 · 사진 : 정석권(丁錫權)

전북대 영문과에 재직 중이며 사진과 글을 통해서 일상의 모습들이나 여행지에서의 인상을 기록해 왔다. 풍경사진을 위주로 찍으면서도 그 풍경 속에 사람이 있는, 사람의 생활에 대한 이야기가 있는 사진에 관심이 많다. 길을 떠나서 길에서 만나는 풍경과 사람들의 모습과 인상을 전달하고자 한다.

정석권의 소소풍경

발행일 : 2020년 7월 15일 초판 인쇄
2020년 7월 30일 초판 발행

저 자 : 정 석 권
발행인 : 정 영 기
발행처 : 한빛문화
서울특별시 성동구 독서당로 51길 14-6 02) 2291-9761

ISBN : 979-11-86778-37-1 93840

정 가 : 25,000원

본 도서는 (재)전라북도 문화관광재단 2020년 지역문화예술육성지원사업에 선정되어 보조금을 지원 받은 사업입니다.